Commissariat de la République Française au Togo

SUPPLÉMENT

au

Guide de la Colonisation au Togo

(1926)

~~~~~~~~~

Ce supplément complète
et met à jour l'édition du Guide publiée en 1924

~~~~~~~~~

PARIS

LIBRAIRIE EMILE LAROSE

11, RUE VICTOR-COUSIN, 11

1926

SUPPLÉMENT

AU

Guide de la Colonisation au Togo

(1926)

*Ce Supplément complète
et met à jour l'édition du Guide publié en 1924*

CHAPITRE II

Page 17 (Organisation politique et sociale), ajouter :

« Enfin, en 1924 également, a été créé un Conseil économique
« et financier, composé d'Européens et d'indigènes élus destinés
« à assister le Commissaire de la République dans l'étude des
« questions économiques et financières. »

CHAPITRE IV

Page 26 (Services et bureaux), ajouter :

« *Conseil économique et financier.* — A côté du Conseil d'admi-
« nistration, existe un Conseil économique et financier dont
« nous avons déjà parlé plus haut. »

Page 27 (Finances. Comparaison des budgets), ajouter :

Budget de 1925	16.878.500 francs
Budget de 1926	23.887.200 —

Page 28 (Finances. Résultats des exercices 1921 à 1925), ajouter :

	Recettes	Dépenses	Excédents
1923	13.500.068	5.082.467	8.417.601
1924	20.602.746	6.241.988	14.360.758

Même page (Situation de la Caisse de réserve), lire :

1920	1.129.426 fr.
1921	1.403.437 —
1922	841.791 —
1923	8.417.601 —
1924	26.296.256 —

Page 30 (*Armée*). — L'excellente situation politique du Territoire a rendu inutile le maintien des troupes régulières dont les dernières ont quitté le Territoire en 1925.

Page 30 (*Enseignement*). — *In fine*. L'ensemble des crédits inscrits au budget de 1925, pour le Service de l'Enseignement, s'est élevé à 530.747 francs.

Page 31 (*Service des voies de pénétration du Wharf et des Travaux Publics*). — Le budget annexe du chemin de fer et du Wharf s'est élevé, en 1925, à 6.981.000 francs. Les dépenses prévues pour l'exercice 1925, pour les travaux publics, dépassent 4.000.000 de francs.

Page 32 (*Divisions administratives*), *Cercle de Lomé* :
Au lieu de : 127.000 habitants, lire : 110.000 habitants.
Au lieu de : 160 Européens, lire : 201 Européens.

Page 33 (*Cercle d'Anécho*) :
Au lieu de : 96.000 indigènes, lire : 97.231 indigènes.

Page 34 (*Cercle de Klouto*) :
Au lieu de : 15 Européens, lire : 28 Européens.
Au lieu de : 37.000 indigènes, lire : 38.270 indigènes.

Même page (*Cercle d'Atakpamé*) :
Au lieu de : 18 Européens, lire : 15 Européens.
Ajouter : « Une autre subdivision vient d'être créée à Okou, dans la région montagneuse au nord-ouest d'Atakpamé. »

Page 35 (*Cercle de Sansanné-Mango*) :
Au lieu de : 8 Européens, lire : 5 Européens.
Au lieu de : 135.000 indigènes, lire : 134,000 indigènes.

Au lieu de : Le Capitaine d'Infanterie Commandant de Cercle, lire : l'Administrateur Commandant de Cercle.

Supprimer la phrase : « Il a sous ses ordres une compagnie de tirailleurs sénégalais. »

CHAPITRE V

LIGNES DE NAVIGATION

Page 38 (*Compagnie des Chargeurs-Réunis*) :

Nouveau tarif des passagers entre Bordeaux et Lomé :

1re classe	4.800 fr.
2e classe	3.850 —
3e classe	2.110 —
Entrepont	1.055 —

Excédent de bagages : 60 francs, au lieu de 50 francs par 100 kilogrammes.

Tarifs des bicyclettes et motocyclettes : 100 et 150 francs.

Chiens : 150 francs, au lieu de 200 francs.

Page 39 (*Compagnie Fabre-Fraissinet*) :

Le service est assuré par trois paquebots : *Hoggar*, *Touareg* et *Madonna* (au lieu de *Foria*).

Nouveaux tarifs des passagers entre Marseille et Lomé :

1re classe	4.350 fr.
2e classe	3.500 —
3e classe	1.915 —
Entrepont	960 —

Franchise de bagages, 1re et 2e classe : 200 kg. (au lieu de 250)

Page 40 : *Marchandises. Tarif de la Compagnie des Chargeurs-Réunis,*

Nouveaux tarifs France-Lomé

1° MARCHANDISES LICITES NON DANGEREUSES	Par tonneau de 1 m. cube ou 1.000 kilog. au choix du navire
	LOMÉ
Minimum de fret	45 francs
Hors catégorie	
Sel	115 francs
Douves (fûts démontés)	125 francs

	Par tonneau de 1 m. cube ou 1.000 kilog. au choix du navire
1° MARCHANDISES LICITES NON DANGEREUSES	LOMÉ
Ciment. Charbons en roches et agglomérés. Coke. Plâtre. Chaux.............	150 francs
Riz...............................	165 francs
Fer brût. Bois	165 francs
Sacs	165 francs

1re *catégorie*

Aciers plats ou en barre. Bois de charpentes travaillés. Bois créosotés. Boulons. Briques. Carreaux de dallage. Chaux. Clous. Ecrous. Engrais. Farine. Fibrociment. Feutre pour toitures. Fûts vides. Marmites fer et fonte. Matériel fixe de voie. Matériel Decauville. Outils de terrassement. Papier d'impression. Papier d'emballage. Poterie. Rondelles. Savon. Tabac brut en feuilles. Tôles ondulées. Tuiles. Tuyaux fer, fonte. Vins en fûts (aux 1.000 kg.). Visserie.. **165 francs**

2e *catégorie*

Allumettes. Armes à feu. Articles de ménage. Beurre. Bière. Biscuits de guerre ou similaires. Bougies. Conserves. Coquillages. Cordages. Désinfectants. Eaux minérales. Feutre. Fonte. Fromage. Genièvre. Goudron. Graisse alimentaire. Huile comestible. Huile à graisser. Huile à peinture. Lampisterie. Légumes frais. Légumes secs. Liqueurs. Machines. Matchettes. Matériel roulant de chemin de fer. Meubles. Objets émaillés. Outils. Pain. Peinture. Pipes en terre. Quincaillerie. Rhum. Rouleaux d'imprimerie. Spiritueux. Sucre. Tabac manufacturé. Verrerie. Vivres. Vins .... **190 francs**

3e *catégorie*

Automobiles (jusqu'à 2.000 kg.). Bâches. Bicyclettes. Chapelets. Cigares. Cigarettes. Fil de coton. Filets et articles de pêche. Instruments de musique. Jouets.

	Par tonneau de 1 m. cube ou 1.000 kilog. au choix du navire — LOMÉ

1º MARCHANDISES LICITES NON DANGEREUSES

Lainages. Lorrys. Machines à coudre.
Métaux. Miroirs. Parfumerie. Prélars.
Produits chimiques et pharmaceutiques
(non dangereux). Tissus de coton. Toile
à voile et goudronnée. Toutes autres
marchandises non dénommées........ 215 francs

2º MARCHANDISES DANGEREUSES

1º Dynamite. Poudre de traite. Détona-
teurs et mèches. Munitions de sûreté.. 565 francs

2º Acides. Carbures de calcium et tous
produits chimiques ou pharmaceutiques dangereux dont le chargement ne
sera opéré qu'après accord préalable
avec la Compagnie................. 565 francs

3º Pétrole. Essence.................. 465 francs

Minimum de perception pour les marchandises dangereuses............. 70 francs

Espèces. — Matières précieuses et marchandises allant à la valeur........ 1,50 %

3º ANIMAUX VIVANTS

Chevaux .... par tête, 1.000 francs
Anes .... — —
Mulets.......................... — —
Petits animaux : moutons, porcs, volailles
en cage, ou caisses à claire-voie (le
mètre cube)..................... 185 francs

(Ces prix s'entendent nourriture non
comprise, le bord ne fournissant que l'eau
d'abreuvoir.)

La contruction des parcs ou boxes est
aux frais de l'expéditeur.

4º COLIS LOURDS

Colis de :

1.501 à 3.000 kg.................. 190 francs
3.001 à 5.000 — .... 200 —
8.001 à 8.000 — .... 225 —
5.001 à 10.000 — .... 250 —
Au-dessus de 10.000 kg.............. à débattre

5° EMBARCATIONS

Chaloupes, canots, surfboats, etc., jusqu'à 3.000 kg.	800 fr. les 1.000 kg. ou 70 fr. le mètre cube
Minimum.........................	800 francs
Remorqueurs, chalands (montés ou en tranches), de plus de 2.000 kg	à débattre

Page 43 : Nouveaux tarifs d'importation Lomé-France :

Amandes de palme	145	francs la tonne
Huile de palme	190	—
Cacao	175	—
Coprah	190	francs le mètre cube
Coton	120	—

Même page : *Tarifs de la Société navale de l'Ouest.*

Les tarifs de cette Compagnie, tant à l'exportation qu'à l'importation, sont sensiblement les mêmes que ceux de la Compagnie des Chargeurs-Réunis.

Même page : *Tarifs de la Compagnie Wenture-Weir.*
Même remarque.

Page 44 : *Compagnie Fabre-Fraissinet.*

Cette Compagnie effectue par neuf vapeurs de charge (au lieu de quatre), *Niger, Olbia, Kouroussa, Ouémé, Muirton, Foria, Belgrano, Félix-Fraissinet, Chelma*, un voyage tous les douze ou quinze jours avec départ de Marseille ou de Gênes.

Les tarifs à l'exportation et à l'importation sont les suivants :

TARIFS A L'EXPORTATION

Surtaxe de change 10% des prix ci-dessous

1° MARCHANDISES LICITES NON DANGEREUSES —	Payables d'avance au tonneau d'usage Au cubage : 1 mètre cube Au poids : 1.000 kilogs. LOMÉ

1re *catégorie*

Aciers et fers plats ou en barre. Boulons. Bouchons. Bouteilles vides. Clouterie. Ecrous. Engrais. Feutre pour toiture. Fil de fer. Filtre. Foin. Madriers. Mar-

Payable d'avance
au tonneau d'usage
Au cubage : 1 mètre cube
Au poids : 1.000 kilogs.

—

LOMÉ

—

1º MARCHANDISES LICITES NON DANGEREUSES

—

mites en fonte. Planches. Plomb. Poterie. Rail (Decauville et ordinaire). Rondelles. Savon. Tôles ondulées. Traverses de chemin de fer. Tuyaux. Vins en dames-jeannes et en fûts. Visseries. Zinc en feuilles.....................   **125 francs**

2ᵉ *catégorie*

Armes. Balais. Batterie de cuisine. Bière. Biscuits de guerre et similaires. Bougies. Cardes. Celluloïd. Colliers en verre. Contrie. Conserves. Cordages. Coutellerie. Denrées coloniales. Désinfectants. Drogueries. Eau-de-vie. Eaux minérales. Epicerie. Faïence. Farine. Ferronnerie. Feutre. Fonte ouvrée. Goudron. Huiles. Imprimés. Lampisterie. Légumes secs. Liqueurs. Machines. Matchettes. Matériel roulant de chemin de fer. Menuiserie. Meubles. Outils. Papier à cigarettes et à imprimer. Peinture. Pipes en terre. Pommes de terre. Porcelaine. Provisions. Quincaillerie. Rhum. Rouleaux d'imprimerie. Spiritueux. Sucre. Vannerie. Vins en caisses.   **140 francs**

3ᵉ *catégorie*

Allumettes. Articles de Paris. Automobiles (jusqu'à 1.500 kg.). Babouches. Bâches. Bicyclettes. Bimbeloterie. Cartes à jouer. Chapelets. Chapellerie. Chaussures. Cigares. Cigarettes. Cotonnades. Effets. Etoffes. Filets et articles de pêche. Instruments de musique. Jouets. Lainage. Machines à coudre. Malles. Mercerie. Miroirs. Papeterie. Parfumerie. Produits chimiques et pharmaceutiques (non dangereux). Tissus de coton. Toile à voile et goudronnée. Valises. Toutes autres marchandises licites non dangereuses non dénommées au présent tarif................   **160 francs**

Minimum de fret ....   **35 francs**

<table>
<tr><td></td><td>Payable d'avance
au tonneau d'usage
Au cubage : 1 mètre cube
Au poids : 1.000 kilogs</td></tr>
<tr><td>2° MARCHANDISES HORS CATÉGORIE
—</td><td>LOMÉ
—</td></tr>
</table>

A) Marchandises communes :

Charbons en briquettes et en sacs. Sel...	85 francs
Ciment et plâtres en sacs et en barils. Chaux en sacs et en barils	90 francs
Briques. Carreaux. Tuiles	110 francs
Alquifoux. Douves. Douvelles. Fûts vides et démontés. Papiers d'emballage. Riz. Sacs vides	125 francs

B) Marchandises dangereuses :

a) Acide, carbure de calcium et tous produits chimiques ou pharmaceutiques dangereux dont le chargement ne sera opéré qu'après accord préalable avec la compagnie	180 francs
b) Minimum de perception pour les marchandises dangereuses.............	60 francs

C) Marchandises de valeurs :

Espèces. Matières précieuses et marchandises allant à la valeur.............	1,50 %

Plus 12 francs d'embarquement par 1.000 kilogrammes.

Tarifs à l'importation (de Lomé à Marseille)

Amandes de palme	125 francs la tonne	
Huile de palme	150	—
Cacao	145	—
Coton	240	—
Coprah	150	—

Page 45 (*Wharf*).

Un nouveau wharf est en construction.

Page 49 (*Chemins de fer*), ajouter :

Nombre de voyageurs en 1924 : 205.390.

Tonnage transporté en 1924 : 34.976 tonnes.

Au lieu de : « Le budget annexe s'élève à la somme de 3.429.000 francs », lire : « Le budget annexe s'élève à la somme de 10.604.000 francs. »

Page 53 (Routes. Cercle de Lomé).

Au lieu de : « 7° Route de Kévé au poste de douanes de Zolo »,
lire : « 7° Route de Kévé à Assahoun par Zolo. »

Ajouter : « 9° Route d'Assahoun à Batowé. »

Cercle d'Anécho

Ajouter : « 5° Route d'Anécho à Wogan (2e catégorie). »

Cercle d'Atakpamé

Ajouter : « 8° Route d'Atakpamé à Okpahoué (1re catégorie). »

Cercle de Sokodé

Ajouter : « 4° Route de Sokodé à la Kara et à Pessidé. »

Page 54 (Programme des travaux à exécuter), lire :

« Enfin, dans le programme des travaux à exécuter prochaine-
« ment, figure la prolongation vers le Nord de la route de Sokodé
« à la Kara vers le pays Tamberma, ainsi que la construction de
« ponts sur la Kara ou la Koumongou. »

Page 56 (Colis postaux), Nouveaux tarifs France-Togo :

COLIS POSTAUX A DESTINATION DU TOGO

1. *Bureaux français*

Acceptent les colis postaux jusqu'au poids de 10 kilogrammes ;
Acceptent les colis postaux avec déclaration de valeur (maxi-
mum 500 fr. et seulement pour Anécho, Atakpamé, Lomé et
Palimé) ;

Acceptent les colis postaux grevés de remboursement (maximum 1.000 fr., et seulement pour Anécho, Atakpamé, Lomé,
Palimé, Sokodé et Sansanné-Mango).

2. *Voies de Bordeaux et des Paquebots français* Compagnie Chargeurs-Réunis

Limites de dimension : jusqu'à 5 kg., 1^m,25 ; de 5 à 10 kg.,
1^m,50.

Limite de volume : 55 décimètres cubes.

		France	Corse et Algérie
Taxe principale	jusqu'à 1 kg.	3 90	4 90
	de 1 à 5 kg.	6 50	8 15
	de 5 à 10 kg. ...	11 90	14 90

Colis avec déclaration de valeur :
Par 750 francs ou fraction 0 50   0 90
Nombre de déclaration en douane .   3   3

Sortie par Bordeaux.

3. *Voie de Marseille et des Paquebots français*
Compagnie Fraissinet

Mêmes limites de dimensions et de valeurs que ci-dessus.

		France	Corse et Algérie
Taxe principale.	jusqu'à 1 kg. ...	3 90	4 15
	de 1 à 5 kg.	6 50	6 90
	de 5 à 10 kg. ...	11 90	12 65

Colis avec déclaration de valeur :

Par 750 francs ou fraction 0 50   0 75
Nombre de déclarations en douane.   3   3

Sortie par Marseille.

4. *Voie d'Angleterre et Paquebots anglais*
Via Londres

Limites de dimensions : 1^m,05.
Limites de volume : 54 décimètres cubes.

	France	Corse et Algérie
Taxe jusqu'à 1 kg. 360	9 15	9 65
De 1 kg. 360 à 3 kg.	13 15	13 75
De 3 à 5 kg.	16 90	17 50
Déclarations en douane	2	2

Sortie de France par Paris, Calais, Le Havre.

Nouveaux tarifs du régime intérieur

	ANÉCHO	ATAKPAMÉ	LOMÉ	PALIMÉ	S.-MANGO	SOKODÉ
Anécho........	»	2.75	0.25	2.25	8 50	5 50
Atakpamé.....	4 25	»	2 »	3 »	6 25	3 25
Lomé	2 25	3 »	»	1 50	7 75	4 75
Palimé........	3 75	4 50	2 50	»	8 75	5 75
S.-Mango	13 50	10 25	12 25	13 75	»	3 50
Sokodé	8 50	5 25	7 25	8 75	6 »	»

Supplément pour transport des colis postaux entre Anécho et la frontière du Dahomey :

Colis de 5 kilos..... 0.75   Colis de 10 kilos..... 1.50

Pages 57 *à* 63 (*P. T. T.*) : Nouveaux tarifs postaux :

Correspondance postale franco-coloniale

Lettres et paquets clos

Jusqu'à 20 grammes.................................... 0 30
De 20 à 50 grammes................................... 0 50
De 50 à 100 grammes.................................. 0 75
Au-dessus, par 100 grammes 0 20

Factures et relevés

Jusqu'à 20 grammes.................................... 0 25
Au-dessus de 20 grammes .... tarif des lettres

Cartes postales

Ordinaires... 0 20
Illustrées, ne portant au recto que la date, la signature et
l'adresse de l'expéditeur............................. 0 10
Illustrées, portant en plus cinq mots quelconques........... 0 15

Cartes de visite

Imprimées ou manuscrites contenant : nom, prénom, qualité ou
profession et adresse, et jours et heures de consultation ou de
réception.. 0 10

Contenant, en outre, jusqu'à cinq mots quelconques............   0 15
Au-dessus de cinq mots 0 30

Imprimés ordinaires

Jusqu'à 50 grammes.....................................   0 10
De 50 à 100 grammes....................................   0 15
Au-dessus, par 100 grammes.............................   0 15

   Le tarif spécial de 0 fr. 04, pour imprimés de moins de 20 grammes, affranchis en numéraire, est porté à 0 fr. 05.

Echantillons

Jusqu'à 100 grammes....................................   0 20
Au-dessus, par 100 grammes.............................   0 15

Droits de recommandation

Lettres, paquets clos, cartes ordinaires 0 75
Objets affranchis à prix réduits et valeurs à recouvrer 0 50

Droits de commision des mandats-postes

Jusqu'à 10 francs 0 35
De 10 à 20 francs 0 45
De 20 à 40 francs 0 65
De 40 à 60 francs 0 85
De 60 à 100 francs 1 05
De 100 à 200 francs 1 25
De 200 à 400 francs 1 45
De 400 à 600 francs 1 65
De 600 à 800 francs 1 85
De 800 à 1.000 francs 2 05

   De 1.000 à 5.000 francs, 2 fr. 05 pour les premiers 1.000 francs, plus 0 fr. 20 par 200 francs ou fraction.

Lettres et boîtes de valeurs déclarées

1º Taxe des lettres ordinaires.
2º Recommandation : 0 fr. 75.
3º Droit d'assurance : 0 fr. 40 jusqu'à 1.000 fr., 0 fr. 25 par 1.000 fr. ou fraction de 1.000 fr. jusqu'au maximum de 10.000 fr.

Valeurs à recouvrer

   La taxe des envois de valeurs à recouvrer se compose :

1º D'une taxe d'affranchissement calculée d'après le tarif des lettres ;
2º D'une taxe fixe de recommandation de 0 fr. 50.

   Le droit d'encaissement est fixé comme suit :

Jusqu'à 100 francs, 0 fr. 15 par 20 francs ou fraction ; de 100 à 500 francs, 0 fr. 90.

Au-dessus de 500 et jusqu'à 5.000 francs, 0 fr. 90 pour les premiers.
500 francs, plus 0 fr. 15 par 500 francs excédents ou fraction.
Au-dessus de 5.000 francs, 2 fr. 25 pour les premiers 5.000 francs, plus
1 fr. 25 par 5.000 francs excédents ou fractions.

Envois contre remboursement

Ils sont soumis aux mêmes droits d'encaissement que les valeurs à recouvrer.

Divers

Avis de réception d'un envoi recommandé.................... 0 75
Avis de paiement d'un mandat 0 75
Droit minimum de renouvellement pour mandat périmé....... 0 40
Droit pour présentation de valeurs à recouvrer impayées 0 40
Indemnité pour perte de lettres, paquets clos, cartes postales
   recommandées et valeurs à recouvrer.................... 50 fr.
Indemnité pour perte d'autres *objets recommandés*............ 25 fr.

CORRESPONDANCE POSTALE INTERNATIONALE

Lettres et paquets clos

Jusqu'à 20 grammes.................................... 1 25
Au-dessus de 20 grammes, par 20 grammes et fraction........ 0 75

Cartes postales

Ordinaires... 0 75
Avec réponse payée 1 35

Papiers d'affaires

Par 50 grammes ou fraction............................ 0 25
Minimum de perception 1 25

Imprimés

Par 50 grammes ou fraction............................ 0 25
   Les journaux et périodiques expédiés directement par les éditeurs continuent à bénéficier du tarif de 0 fr. 10 par 50 grammes.

Echantillons

Par 50 grammes ou fraction............................ 0 25
Minimum de perception 0 50

Recommandation

Droit fixe 1 25

Valeurs déclarées

Pour les lettres jusqu'à 20 grammes. 2 francs ; par 20 grammes supplémentaires : 0 fr. 60 + assurance — 0 fr. 30 par 300 francs + recommandation : 1 franc.

Pour les boîtes : 1º taxe d'affranchissement de 0 fr. 20 par 50 grammes ou fraction, avec minimum de 4 francs ; 2º droit fixe de recommandation de 1 franc ; 3º droit d'assurance égal à celui perçu pour les lettres (0 fr. 30 par 300 francs).

Page 64 (*Service télégraphique*), ajouter :

« La ligne Lomé-Anécho, frontière du Dahomey, a été dou-
« blée. »

« En régime intercolonial de France au Togo, la taxe des câblo-
« grammes est de 3 fr. 20 par mot. En raison de sa variation, se
« renseigner aux bureaux de postes. »

« En régime international il est, en outre, fait application d'un
« coefficient variable. »

Même page (*Service téléphonique*), nouveaux tarifs :

« Redevance de premier établissement d'un poste d'abonné et de la ligne jusqu'à 1 kilomètre de distance : 500 francs.

« Deux régimes d'abonnement :

« 1º Régime forfaitaire gradué. Redevance annuelle : 300 francs, pour un maximum de 1.800 conversations urbaines avec augmentation de 150 francs par 1.000 communications en excé-
dont ι

« 2º Régime à conversations taxées. Redevance annuelle : 150 francs et paiement des taxes locales.

« Taxe d'avis d'appel, 1 fr. 50.

« Taxe des conversations (réseaux urbains), 0 fr. 50.

« Lomé-Anécho, Lomé-Porto-Séguro, Anécho-Porto-Séguro, 2 francs.

« Lomé-Palimé, Lomé-Atakpamé, Atakpamé-Sokodé, Sokodé-Mango, 3 fr. 50, par unité de conversation de 3 minutes. »

Page 82 (*Douanes*). — Ajouter au Tableau A : Café en fèves, 78 francs les 100 kilos.

Page 85 (*Patentes et licences*), nouveaux tarifs fixés par arrêté du 7 septembre 1925 :

Tableau portant classification et fixation du taux des patentes
à compter du 1ᵉʳ janvier 1926

CLASSE	DÉSIGNATION des CLASSES	CATÉGORIE	NATURE des COMMERCES, INDUSTRIES ET PROFESSIONS	TAUX
1ʳᵉ	Transport	1ʳᵉ	Compagnie de chemin de fer ..	4.000
		2ᵉ	Agent d'une Compagnie de navigation	2.500
		3ᵉ	Entreprises de transports :	
			Entrepreneur ne disposant que d'un seul camion...........	300
			Entrepreneur ne disposant que de 2 camions	600
			Entrepreneur disposant de plusieurs camions............	800
		4ᵉ	Consignataire d'une Compagnie de navigation	1.000
2ᵉ	Exportation et importation	1ʳᵉ	Maison faisant directement et à la fois l'importation et l'exportation	4.000
		2ᵉ	Maison ne faisant que l'importation (Les commerçants non exportateurs qui reçoivent annuellement, de l'extérieur, moins de 10.000 francs de marchandises, ne sont pas classés dans cette catégorie).	2.000
3ᵉ	Autres commerces	1ʳᵉ	Établissement de crédit, agence, succursale	4.000
			Sous-Agence ou correspondant de banque :	
			Dans les villes de Lomé, Palimé, Atakpamé, Anécho...	300
			Dans les centres de Sokodé et Mango..................	150
			Agent ou correspondant d'une Compagnie d'assurances....	400

CLASSE	DÉSIGNATION des CLASSES	CATÉGORIE	NATURE des COMMERCES, INDUSTRIES ET PROFESSIONS	TAUX
3e	Autres commerces	2e	Commerce de gros et de demi-gros : a) Dans les villes de Lomé, Palimé, Atakpamé .... b) à Anécho et dans les cercles de la Côte................ c) Dans les cercles de Sokodé et de Mango.............	600 400 200
4e	Ateliers, usines et manufactures	1re	Occupant au moins 20 employés, ouvriers ou manœuvres	1.200
		2e	Occupant moins de 20 ouvriers.	500
5e	Travaux	1re	Entrepreneurs de travaux publics	1.000
		2e	Entrepreneurs de travaux privés	200
		3e	Fabricants de briques et de tuiles....................	120
		4e	Commerçants en bois bruts ou débités...................	75
6e	Autres professions	1re	Hôteliers ayant chambres, pension et café............... Pharmaciens .... Agents en douane............	500
		2e	Ecrivains publics	200
7e	Artisans	1re	Tailleurs dans les centres de Lomé, Palimé, Anécho et Atakpamé............... Dans les autres centres	60 30
		2e	Horlogers, bijoutiers et photographes	50
		3e	Cordonniers et artisans en cuir.	40
		4e	Tous autres artisans non dénommés..................	30

CLASSE	DÉSIGNATION des CLASSES	CATÉGORIE	NATURE des COMMERCES, INDUSTRIES ET PROFESSIONS	TAUX
8è	Alimentation	1e	Commerce de bétail : *a)* Européens................	500
		2e	*b)* Indigènes à la Côte.......	150
		3e	*c)* Indigènes dans le Nord....	75
		4e	Débit de viande de boucherie..	40
9e	Traitants	1re	Acheteurs de gros produits du du crû, et indigènes rétribués ou non par des maisons de commerce ; non gérants de comptoir et s'occupant d'achats de gros on de demi-gros de produits du crû....	550
		2e	Tous autres acheteurs de produits du crû et indigènes rétribués ou non par des maisons de commerce, non gérants de comptoirs et s'occupant d'achats de produits du crû : Cercles de Lomé............ — Anécho.......... — Klouto......... — Atakpamé	400
			— Sokodé..........	200
			— Mango...........	60
10e	Détaillants	unique	Petits détaillants, revendeurs, revendeuses de produits vivriers et d'articles d'importation...'.............	20

2

II. — COMMERCE DE L'ALCOOL

Taux des patentes et licences

CLASSE	CATÉGORIE	NATURE DU COMMERCE	PATENTES	LICENCES
1re	1re	Maison de commerce faisant l'importation de boissons alcooliques, spiritueuses ou fermentées, et fabricants de boissons alcooliques avec des produits d'importations, et établissements où l'on consomme avec table et chaises.............	2.000 f	1.000 f
	2e	Etablissements vendant des boissons alcooliques ou spiritueuses sur le comptoir ou à emporter..	300	1.000
	3e	Petits débitants de boissons alcooliques ou spiritueuses (contenance égale ou inférieure au litre)	150	600
	4e	Vendeurs de boissons fermentées de fabrication locale (dolo ou tchapalo), sous abri volant ou sous apatam..................	75	150

Page 88 (Impôt personnel et taxes diverses), nouveaux tarifs :

« Impôt personnel européen, 60 francs,

« Taux de rachat des quatre journées de prestation, 28 francs.

« Taxes sur les véhicules :

Bicyclettes....................................	10 fr.
Camion auto portant 400 kg.	100 —
— — 1.000 kg...................	150 —
— — plus de 1.000 kg. et tracteur.	250 —
Voiture de tourisme............................	200 —

CHAPITRE IX

Page 96 (Exportation d'amandes et d'huile de palme), ajouter :

	1924
Amandes....................	12.531.651 kg.
Huile	3.348.557 —

Page 99, *in fine* (*Contrôle des cacaos*), au lieu de :
« ...la Chambre de Commerce a mis à l'étude un projet de con-
« trôle des cacaos exportés », lire : « ...il existe un service de con-
« trôle des cacaos exportés. »

Page 100 (*Exportation des cacaos*), ajouter :
« Et 6.341.914 kilogrammes en 1924. »

Même page (*Détaxe des cacaos*), lire :
« Les quantités admises à en bénéficier ont été fixées, pour
« 1923, à 3.500 tonnes, à 8.000 tonnes pour la période du 1er jan-
« vier 1924 au 1er juillet 1925 et à 6.000 tonnes pour la période
« allant du 1er janvier 1925 au 30 juin 1926. »

Page 103 (*Exportation du coton*), ajouter :
« Et 997.502 tonnes en 1924. »

Page 105 (*Exportation du coprah*), ajouter :
« En 1924, 720 tonnes de ce produit ont été exportées du Ter-
« ritoire. »

Page 106 (*Exportation du sisal*), ajouter :
« Les exportations sont tombées à 3 tonnes en 1924. »

Page 108 (*Café*) *in fine.* — Lire : Une détaxe de 78 francs par
100 kilogrammes a été accordée pour 10 tonnes de café du Togo
à l'importation en France, du 1er janvier 1925 au 30 juin 1926.

Page 110 (*Exportation du maïs*), ajouter :
« 1.925 tonnes en 1924. »

Page 111 (*Exportation du manioc*), ajouter :
« Et 320 tonnes en 1924. »

CHAPITRE X

Page 120 (*Exportation des poissons secs*), ajouter :
« Cette exportation est tombée à 361 kilogrammes en 1924,
« les besoins de la consommation locale et l'exportation vers
« l'intérieur ayant fortement augmenté. »

CHAPITRE XI

Page 121 (*Usines d'égrenage de coton*), lire :
« Des usines d'égrenage, pourvues chacune d'une presse
« hydraulique fonctionnent à Lomé, Atakpamé, Nuatja, Palimé,
« Sagada, et Sokodé. A part l'usine d'égrenage de Nuatja, qui
« appartient à l'Administration, qui la loue, les autres usines

« sont biens privés. A Lomé, l'Association cotonnière coloniale
« procède à l'installation d'une usine d'égrenage dans des bâti-
« ments construits par l'Administration.

« Au total, huit égreneuses à scie fonctionnent actuellement
« sur le Territoire. »

Page 129 (*Main-d'œuvre*), ajouter :

« Un arrêté du 27 octobre 1924 a complété cette réglementa-
« tion en créant un livret de contrat de travail individuel visé
« par les chefs de circonscription ou de subdivision et par un
« médecin du Service de Santé, au moment du recrutement de
« l'engagé à son arrivée dans la région de travail et en fin d'enga-
« gement. Les contrats de travail sont enregistrés dans les postes
« administratifs. Les travailleurs engagés sont visités au moins
« quatre fois par an par les administrateurs et les médecins. »

CHAPITRE XII

Page 130 (*Chambre de Commerce*) :

« Deux arrêtés, en date du 8 décembre 1924 et 28 février 1925,
« ont légèrement modifié l'organisation de la Chambre de Com-
« merce :

« Ses membres sont répartis en quatre groupes au lieu de trois :

« 1º Six membres citoyens français, élus par les commerçants
« français inscrits aux rôles des patentes et licences pour une
« somme globale de 500 francs ;

« 2º Quatre membres étrangers (Européens ou assimilés),
« élus par les commerçants étrangers inscrits aux rôles pour une
« somme globale de 500 francs ;

« 3º Un membre, originaire des pays placés sous mandat A
« français (Syrie), élu par les commerçants originaires de ces pays
« et inscrits aux rôles pour une somme globale de 500 francs ;

« 4º Un membre, originaire des territoires placés sous mandat
« B français, ou des possessions européennes de la côte occiden-
« tale d'Afrique, résidant au Togo depuis plus de dix ans et ins-
« crits aux rôles pour une somme globale minima de 120 francs.

« En 1925, l'Administration locale a accordé à la Chambre de
« Commerce une subvention de 75.000 francs. »

Page 131 (*Entrepôt fictif du port de Lomé*) :

« Le port de Lomé a été ouvert à l'entrepôt fictif par décret
« du 18 mai 1924. »

Page 132 (*Exportations du Togo*) :

EXPORTATIONS DU TOGO

Tableau de répartition des principales exportations du Togo, en 1924 (en kilogrammes) :

PRODUITS EXPORTÉS	QUANTITÉS EXPORTÉES en 1924	PAYS EXPORTATEURS					
		France	Angleterre	Allemagne	Hollande	Etats-Unis	Divers
Cacao en fèves ...	6.431.914	6.431.914	»	»	»	»	»
Amandes de palme	12.531.651	938.729	5.164.334	4.928.582	1.440.006	»	»
Huile de palme ..	3.348.557	714.126	987.152	832.018	10.486	825.000	9.745
Coprah	718.863	56.839	11.732	324.345	325.947	»	»
Coton égrené	997.502	354.216	393.147	250.139	»	»	»
Graines de coton .	991.903	»	746.456	245.447	»	»	»

Même page (*Marchés. Importations*), rectifier ainsi l'ordre des pays importateurs :

Angleterre, France, Etats-Unis, Hollande, Allemagne.

Page 133 (*Importations*) :

TABLEAU DE RÉPARTITION DES IMPORTATIONS
(ANNÉE 1924)

Angleterre
21.803.811 francs

TISSUS, FILS, *ouvrages en bois et en métaux, métaux, machines, bimbeloterie, matériaux de construction,* parfumerie, alcools, tabacs, chapellerie, sucres, produits chimiques, automobiles, articles en caoutchouc, articles d'alimentation et farineux, peaux, papier, conserves de poisson, poterie, huiles végétales, couleurs, pétroles et essences, verrerie, vannerie, thé.

France
10.207.499 francs

BIMBELOTERIE, *sel marin, ouvrages en métaux, tissus, couleurs, vins,* ouvrages en bois, houilles, sucres, fils, parfumerie, automobiles, bois, machines, matérieux de construction, articles en caoutchouc, papier, farineux alimentaires,

	tabac, chapellerie, alcools, métaux, huiles végétales, peaux, articles d'alimentation, verrerie, poterie, vannerie, conserves de poisson.
États-Unis 7.425.089 francs	TABAC, PÉTROLES ET ESSENCES, automobiles, farineux alimentaires, ouvrages en métaux, machines, parfumerie.
Hollande 4.787.854 francs	ALCOOLS, TISSUS, sucres, ouvrages en métaux et en bois, matériaux de construction, fils, bières, farineux alimentaires, métaux.
Allemagne 4.640.157 francs	OUVRAGES EN MÉTAUX, *tissus*, ouvrages en corne ou en cellulo, allumettes, bières, machines, parfumerie, sucres, verrerie, automobiles, bijouterie, horlogerie, farineux alimentaires, limonades, couleurs, poterie, alcools, bimbeloterie fils, articles en caoutchouc, chapellerie, métaux, papier, tabac.
Colonies anglaises 4.458.068 francs	POISSONS SECS, TISSUS, automobiles, tabac, alcools, houilles, fruits, pétrole et essence, ouvrages en bois, farineux alimentaires, produits chimiques, fils.
Belgique 552.222 francs	Ciment, tissus, métaux, sucres, ouvrages en métaux, verrerie, poterie, fils.
Colonies françaises 292.440 francs	Bois, tabac, tissus.
Suède 272.278 francs	Allumettes, bois.
Italie 141.770 francs	Verrerie, tissus.
Tchécoslovaquie 137.535 francs	Verrerie, sucres.
Suisse 114.596 francs	Tissus, lait, fromage.
Portugal 60.573 francs	Conserves de poisson, vins.
Espagne 56.873 francs	Vins.
Danemark 26.595 francs	Articles d'alimentation.
Cuba 8.392 francs	Alcools.
Japon 6.485 francs	Sparterie.
Norvège 4.081 francs	Conserves de poisson.

Même Page (*Liste des principales entreprises au Togo*), ajouter :

Association Cotonnière Coloniale, 4, rue de la Paix, Paris .... } Lomé } Usine d'égrenage.

Compagnie Cotonnière de l'Ouest Africain, 94, rue de la Victoire, Paris. Capital : 5 millions .... } Lomé } Production et exportarion du coton.

Omnium Commercial Africain, 3, cours de Gourgue, Bordeaux. Capital : 1.800.000 francs................. } Lomé } Importation. Exportation.

Société Commerciale Tardy-Ouachée, 35, rue Boudet, Bordeaux. Capital : 1 million .... } Lomé } Importation. Exportation.

Rayer :

Etablissements Handelsmaschappy.

Etablissements Sanderson et Graff.

Maison Tardy, Bordeaux.

Union Commerciale et Industrielle africaine.

Pages 136 *et* 137 (*Importations et exportations*), ajouter :

TABLEAUX DES MARCHANDISES IMPORTÉES ET EXPORTÉES
PENDANT LES ANNÉES 1923-1924 (en kilogrammes)

Importations

NATURE DES PRODUITS	QUANTITÉS	VALEURS
	Kilogr.	Francs
Farineux alimentaires	478.850	916.118
Sucre	30.575	946.454
Tabacs	277.106	3.519.170
Ciment	2.025.333	774.094
Huile de pétrole lampante....	2.427.108	2.535.944
Métaux	462.374	889.563
Sels	2.877.575	714.382
Poterie	57.297	225.055
Verres et cristaux	40.977	473.724
Fils	83.760	1.795.887
Tissus de coton.............	418.400	14.037.967
Tissus autres	583.699	2.122.846
Vêtements confectionnés	34.907	951.676

Importations (suite)

NATURE DES PRODUITS	QUANTITÉS	VALEURS
	Kilogr.	Francs
Machines et mécaniques.....	156.660	1.190.486
Ouvrages en bois...........	895.302	1.689.669
Ouvrages matières diverses ..	199.661	5.995.487
Autres marchandises	6.631.034	11.972.549
Bois	954 m³	488.005
Boissons	698.801 lit.	3.686.867

Exportations

NATURE DES PRODUITS	QUANTITÉS	VALEURS
	Unités	Francs
Moutons..................	14.882	1.150.420
Volailles	3.012	17.520
Chèvres	56	3.760
	Kilogr.	Francs
Poissons secs	361	361
Maïs en grains	1.925.307	747.597
Farine de manioc	319.708	196.053
Cacao en fèves	6.431.914	17.305.181
Amandes de palme	1.253.165	18.059.117
Coprah	718.863	1.339.554
Noix de coco	8.340	3.178
Graines de ricin	2.385	1.614
Graines de sésames	517	310
Coton égrené.............	997.502	12.779.182
Graines de coton	991.903	205.524
Huile de palme	3.348.557	8.797.125
Caoutchouc	13.549	81.200
Sisal....................	2.600	2.600
Kapok...................	»	»
Peaux de bœufs...........	210	1.960

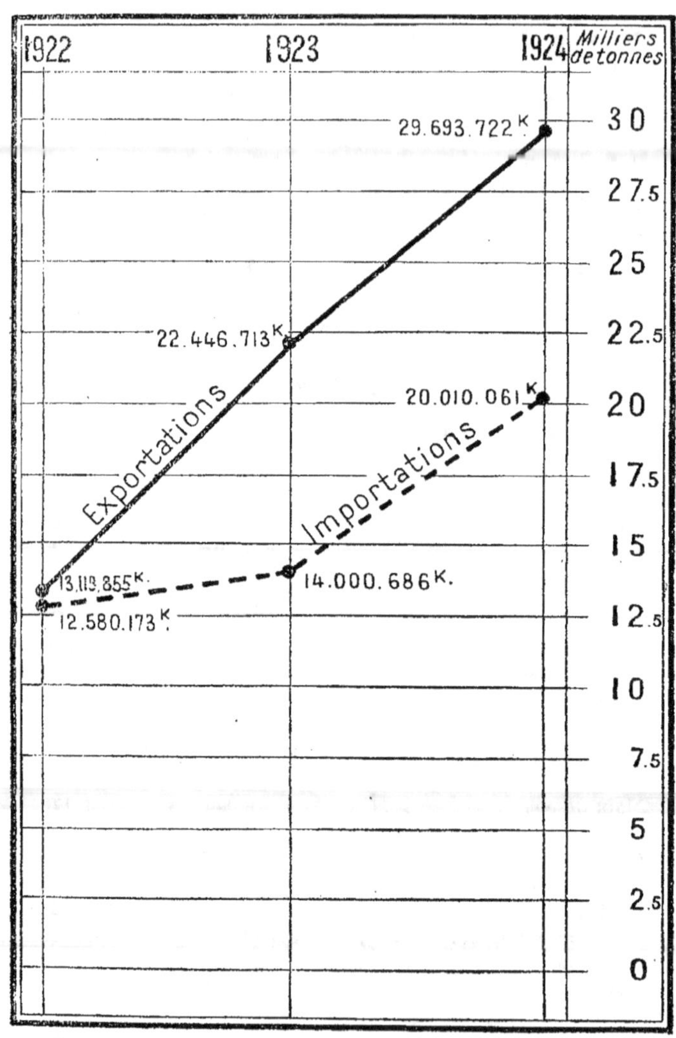

Graphique du tonnage importé et exporté en 1922-1923-1924.

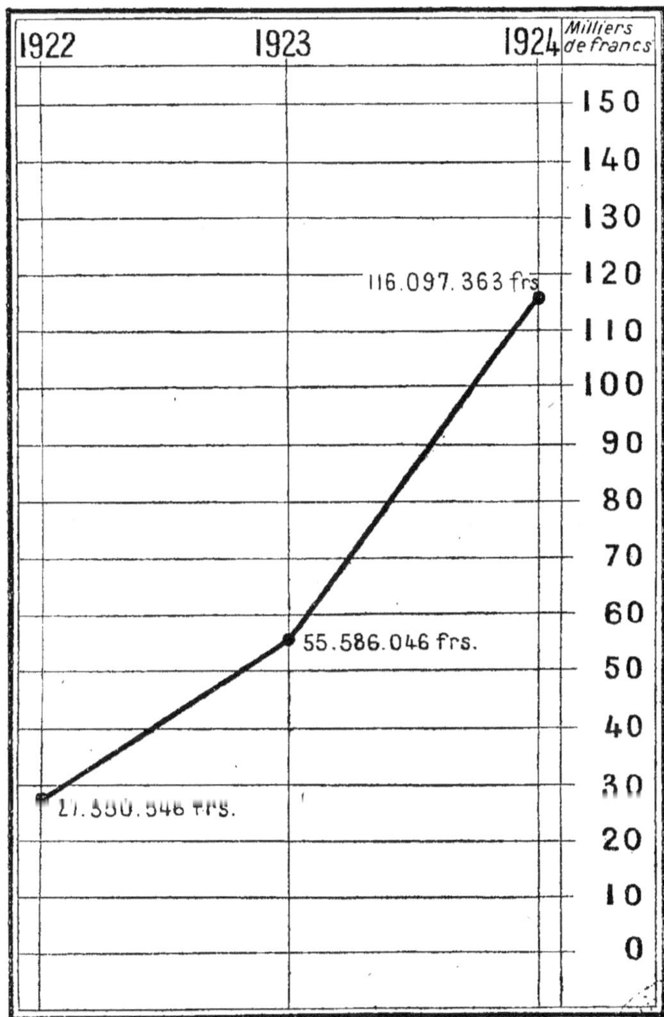

Graphique du mouvement commercial (Valeurs).

ROCHEFORT.— IMPRIMERIE A. THOYON-THÈZE. — 500-3-1926.

www.ingramcontent.com/pod-product-compliance
Lightning Source LLC
LaVergne TN
LVHW010503060726
842527LV00005B/1855